TRAITÉ

THÉORIQUE & PRATIQUE

DU

CONSEIL JUDICIAIRE

Art. 513-514-515 du C. C.

PAR

A. CHAMPION, Juge de Paix.

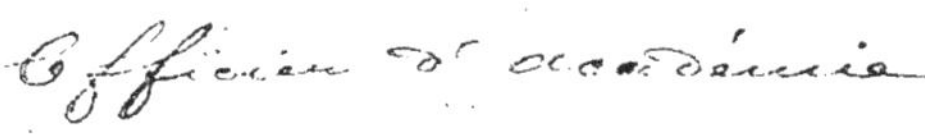

CHAUMONT

TYPOGRAPHIE ET LITHOGRAPHIE DE STANISLAS DADANT

1897.

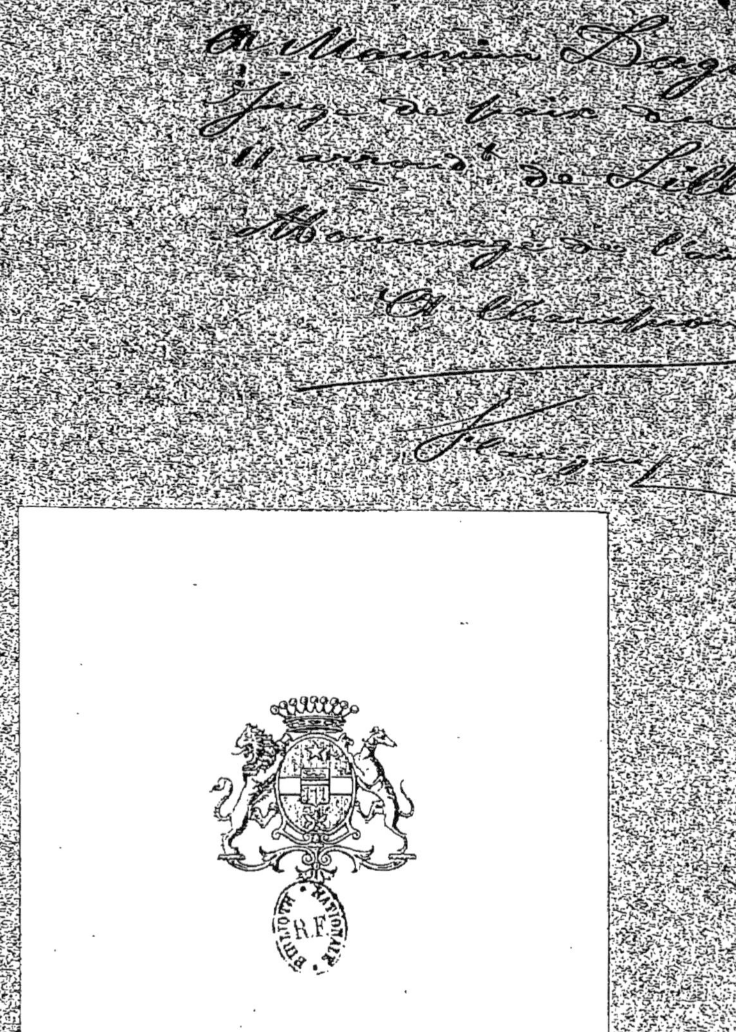

TRAITÉ THÉORIQUE ET PRATIQUE

DU

CONSEIL JUDICIAIRE

Art. 513-514-515 du C. C.

par A. CHAMPION, Juge de Paix.

PRÉFACE

Du Luxe, de la Prodigalité et de l'Avarice.

On a déclamé contre le luxe en vers et en prose depuis deux mille ans et on l'a toujours aimé (1). C'est que le luxe, outre l'attrait qu'il présente est aussi utile que légitime quand il est borné à de sages limites. Qu'il vienne à disparaître et on verrait bientôt s'évanouir l'Industrie, le Commerce, les Beaux-Arts, en un mot à peu près tout ce qui distingue les peuples civilisés des hordes barbares. Mais il ne faut pas que le luxe soit excessif. Car la prodigalité est comme l'avarice, un des écueils de l'Economie politique.

---

(1). Voltaire, Dict. philosophique.

L'une et l'autre, dit J.-B. Say, se privent des avantages qu'on peut tirer de la richesse, la prodigalité en épuisant ses moyens, l'avarice en se défendant d'y toucher. Le prodigue obtient grâce plus facilement que l'avare, mais sa manière d'agir n'est pas moins funeste à la société. Par ses folles dépenses, il enlève à l'industrie des capitaux qui pourraient être utilisés à reproduire de nouvelles richesses et il porte ainsi une réelle atteinte à ses progrès. L'avare, pendant son existence, prive aussi la société des capitaux qu'il se plaît à entasser stérilement. Mais à sa mort, presque toujours, sa fortune est mise en circulation. Elle vient animer et vivifier l'industrie. Ainsi il n'y a qu'un retard d'apporté à l'usage qui devait être fait de ses richesses (2).

---

(2) Parallèle du Prodigue et de l'Avare, de J.-B. Say.

1. — PRODIGALITÉ.

La dépense avec excès, sans connaissance et sans raison, c'est la prodigalité. C'est la dissipation faite dans la débauche par ceux dont les discours, semblent raisonnables, mais dont les actions prouvent le contraire.

Les prodigues sont ceux qui font de vaines et folles dépenses, dépenses qui n'ont aucun résultat pour eux mêmes, pour leurs familles, pour la société. C'est le dissipateur sans frein qui gaspille son patrimoine.

La prodigalité, ce penchant, ce vice, tout le contraire de l'avarice, qui entraîne l'homme à des erreurs, à des surprises qui peuvent le précipiter dans la ruine et dans la misère. La société veut que ce dissipateur soit protégé dans son intérêt, dans celui de sa famille, à la charge de laquelle il pourrait tomber sans ce secours, dans l'intérêt de la société elle-même, puisqu'un jour il pourrait être à sa charge ; aussi a-t-elle pris des mesures.

Un acte de dissipation ne peut être considéré comme de la prodigalité, il faut rechercher le mauvais penchant, les funestes inclinations, l'habitude dangereuse, et distinguer les fautes accidentelles d'un moment d'égarement. Il faut trouver ce dissipateur sans fin, ni mesure, cet individu qui par ses folles profusions est devenu fou, d'après la qualification des gens sensés.

Cependant, tout autre est le prodigue, de l'homme libéral ; le premier est celui qui sans but utile pour la société, dissipe sa fortune en festins, en présents, en jeux, en chasses et ne laisse de ses dépenses que des traces fugitives et nulles ; le second au contraire, est celui qui emploie sa fortune à des actions de bienfaisance.

La loi en protégeant le prodigue contre les entraînements et les surprises, n'a pas voulu le condamner à une inévitable oisiveté ; elle désire son amendement, et pour y parvenir elle lui laisse le gouvernement de sa personne, le libre emploi de son temps et de ses facultés, elle veut que par le travail, il lutte contre ses habitudes de dissipation et de désordre, elle veut que par ce remède puissant, il punisse son âme, moralise son cœur, et parvienne à apprécier l'inappréciable bienfait de l'ordre et de l'économie.

II. — CONSEIL.

A cet individu faible de caractère et de raison, il faut pour diriger ses affaires un conseil sage, prudent, réfléchi, intelligent, honnête, possédant toute sa confiance, qui puisse par ses avis le détourner des surprises, dissiper ses erreurs, compléter son manque d'énergie, retenir les rênes de ses passions, et lui assurer un avenir.

Ce Conseil, à proprement parler, ne doit d'avis qu'aux biens et non à la personne du prodigue, qui conserve sa liberté individuelle complète, ainsi que ses droits de propriété.

En effet ce dernier n'est pas remplacé dans la gestion de son patrimoine, il continue à exercer par lui-même toutes ses actions et tous ses droits, civils et politiques ; il vote dans les assemblées de famille et dans celles électorales. En un mot, il fait et remplit sans le concours de personne tous les actes de la vie civile.

Le Conseil judiciaire n'a pas l'autorité d'un tuteur, il n'a que de simples avis à donner au prodigue, et à l'assister dans certains actes déterminés par les articles 499 et 513 ; il ne peut donc ni le substituer, ni le remplacer, ni le représenter, ni l'autoriser ; dès lors, il n'est ni mandataire, ni gérant d'affaires, il ne doit ses conseils au prodigue que pour le prémunir contre les erreurs et les surprises auxquelles il est exposé dans les dispositions de ses biens, ou la discrétion de ses affaires. Là, pour tous ces actes prévus par la loi, le Conseil est tenu de l'assister.

Le nom de Conseil, donné à celui qui doit assister le prodigue, laisse entrevoir, qu'avant d'agir, il doit donner à celui-ci son avis, lui faire des observations ; et le mot assisté plus que celu d'autorisé implique le concours, la coopération à l'acte lui-même ; ce mot dit même plus que donner son avis, ou autoriser, ou consentir ; cette expression marque que celui qui assiste est présent à l'acte juridique fait par le prodigue, qu'il y concourt. Il suit de là que l'assistance ne peut être générale, quelle doit être spéciale, c'est-à-dire, donnée ou plutôt accomplie successivement et particulièrement pour chaque acte. La loi ne fait pas d'exception : aussi un consentement qui serait donné par acte séparé ne remplacerait jamais l'assistance, et d'après les principes, un acte intervenu dans de pareils conditions est nul, car le prodigue, ainsi que la loi l'exige, n'aurait pas été assisté. (Demolombe (t. VIII, mre 752), Aubry et Rau, t. 1er, page 568 et note 7). — On suit la même marche dans les instances judiciaires. Le Conseil procède conjointement avec la personne à laquelle il a été nommé, soit en demandant, soit en défendant. La procédure où le prodigne figure seul est nulle, ainsi que celle où le Conseil figurerait sans le prodigue. (Besançon, 11 janvier 1851, Dalloz, 1851, 2, 61).

Il doit en être de même dans les actes extra-judiciaires, la loi ne distinguant pas ; mais dans la pratique il n'en est pas ainsi, on se contente d'un avis ou d'une autorisation donnée par acte séparé, mais cet avis ne remplace pas l'assistance personnelle.

Dans un acte extra-judiciaire, il se présente aussi bien que dans un procès, des incidents qui peuvent modifier l'avis du Conseil, avis que le Conseil aurait donné en quelque sorte d'une manière abstraite. L'assistance doit toujours être spéciale, c'est-à-dire que le Conseil doit donner son avis à chaque acte.

Le prodigue ne peut faire le commerce qu'avec l'assistance de son Conseil, mais comme il faut que le Conseil assiste journellement et à chaque instant du jour le prodigue commerçant, il y a ici une impossibilité matérielle qui porte obstacle à ce que le prodigue use du droit qui lui appartient de faire le commerce. (Massé, droit commercial, t. III, n° 152).

Le Conseil ne peut assister le prodigue s'il a un intérêt personnel dans l'acte auquel il donne son approbation, (Paris, 13 juin 1860 ; Dalloz, 1860, 1, 503).

Le Conseil peut-il agir seul au nom du prodigue pour sauvegarder ses intérêts ? Non, il faut s'en tenir au texte de la loi. Le prodigue ne pouvant faire tels actes sans être assisté de son Conseil ; c'est donc le prodigue qui parle au contrat. Le Conseil n'a aucune initiative, il n'intervient que lorsque le prodigue réclame son assistance. S'il ne veut pas agir, il ne peut être question de l'assister. (Cass., 20 Mai 1806). (Dalloz, au mot « Lois » nº 241). Paris, 26 juin 1838. (Dalloz, au mot « Interdict. » nº 303, nº 1). Il suit de là que le Conseil ne peut représenter le prodigue en justice, pas même pour demander la nullité des actes que le prodigue aurait fait sans son assistance. (Demolombe, t. VIII, nºs 763, 766.-Aubry et Rau, t. VIII, p. 516, nº 764). Il faut aussi appliquer ce principe aux procès dans lesquels figurent le prodigue et son conseil. En ce sens que le Conseil n'a le droit de faire aucun acte sans le prodigue. La jurisprudence est d'un avis contraire. Il a été jugé, et l'on enseigne, que si le Conseil est mis en cause, il peut user des moyens de défense et de recours que toute partie à le droit d'employer dans une instance où elle figure. Ainsi le Conseil pourra former opposition et interjeter appel, si le prodigue fait défaut et n'agit point. On dit que le Conseil étant assigné avec le prodigue il devient partie, et que le prodigue par son inaction ne peut le priver du droit qui lui appartient en sa qualité de partie. (Arrêt, 8 décembre 1841, 27 décembre 1843 ; Dalloz, interd. nºs 303, 2 et 3). — Mais Laurent (423, interd.) dit, qu'en interprétant ainsi la loi, on est dans l'erreur.

Car, si le Conseil était partie, il serait condamné ou il obtiendrait gain de cause, ce qui ne peut être soutenu. En réalité, il ne figure pas au procès comme partie, pas plus qu'il n'est partie dans un acte de vente ; qu'il signe comme conseil, c'est simplement comme conseil pour prouver son assistance, mais il n'agit point.

Si le prodigue forme opposition ou appel, il l'assiste, mais le Conseil ne peut le faire lui-même, de son autorité privée, car il ne peut jamais figurer seul dans un acte juridique, sa qualité d'assistant impliquant seulement qu'il approuve ce que fait l'incapable qu'il est appelé à protéger. On dira vainement que ce sera une protection insuffisante. Telle est la loi, il faut l'accepter et l'observer jusqu'à ce qu'elle soit modifiée par le législateur.

Les Tribunaux, dit Laurent, font la loi quand ils décident que le Conseil peut présenter la défense du prodigue malgré celui-ci. (Orléans, 18 Mai 1853 ; Dalloz, 1854, 2, 443), assister quelqu'un qui ne veut pas être assisté, cela ne s'appelle plus assister.

Il a été jugé dans ce sens, que le Conseil ne peut pas même faire les actes conservatoires au nom du prodigue ; tel serait l'inventaire d'une succession échue au prodigue dès que la succession est acceptée. C'est au prodigue seul à agir pour la conservation de ses droits. Le Conseil n'a aucune qualité pour intervenir. (Douai, 20 juin 1855 ; Dalloz, 1856, 2, 56). Sans doute il en résultera que les droits du prodigue pourront être lésés ; mais dit Laurent, la nomination du Conseil n'a pas pour objet de mettre le prodigue à l'abri de tout préjudice, il reste capable, il doit supporter les conséquences de sa capacité, car il n'y a pas de droits sans responsabilité.

Comme il est dit précédemment, la jurisprudence est en complet désaccord avec les auteurs, voici les motifs sur lesquels elle appuie ses décisions.

Ainsi l'arrêt de Paris du 7 mai 1852 (Dalloz 1853, 2, 80), décide que le Conseil ne représente jamais le prodigue, qu'il ne peut dès lors agir pour lui, malgré lui, ou à son insu ; (comme demandeur), qu'il n'a pas le droit de véto, encore seulement pour certains actes de celui-ci, ce qui est tout autre que le droit d'action. — Pour statuer de la sorte, l'arrêt s'appuie sur les considérations suivantes :

Que le prodigue n'est pas interdit, qu'il est dans un état

intermédiaire entre l'incapacité et la liberté, que s'il ne peut agir sans un Conseil, il n'en a pas moins l'exercice de ses actions, en son nom et par lui-même ;

Que son Conseil, bien différent d'un tuteur, ne le représente pas, qu'il n'a pas le droit d'agir pour lui, à son insu, ou malgré lui, que s'il peut empêcher par son véto, il n'a pas le droit d'action, qui est tout à fait distinct, et qu'aucun texte de loi, ne lui accorde et ne pourrait lui accorder eu égard à sa qualité. — Conforme Paris 13 février 1841. Dalloz 41, 2, 146. Duranton t. III, n° 796. Marcadet, art. 513, 3. Boileux, même art. Demolombe t. VIII, n° 763.

Il est jugé cependant que le Conseil peut demander seul, la nullité des obligations contractées sans sa participation, par le prodigue, lorsque cette participation est exigée. Arrêt Paris 1838, 26 juin, car si, dit cet arrêt, ce droit ne lui était pas accordé, à propos d'un arrêt de Lyon, en date du 9 mai 1882 par lequel, il est dit que le Conseil judiciaire a, dans les instances ou le prodigue est défendeur, le droit et le devoir de présenter la défense du prodigue, même contre le gré de celui-ci ; par suite, il a qualité pour interjeter de son chef appel des décisions rendues contre le prodigue, l'arrêtiste. (Dalloz noté au bas de la page 11, 2 part. 1883) dit :

La situation du prodigue pourvu d'un Conseil judiciaire, n'est pas celle de l'interdit ; il n'est pas frappé d'une incapacité générale, il peut agir par lui-même, il est assisté, mais non remplacé par son Conseil. Cependant le Conseil judiciaire ne remplirait pas sa mission, s'il se bornait à assister le prodigue sans pouvoir résister à ses entraînements et à ses volontés. Ainsi il peut lui refuser son concours et les tribunaux n'ont pas le droit de substituer leur autorisation à la sienne comme à la femme mariée ; si son refus n'est pas justifié, ils n'ont d'autre moyen de lever l'obstacle que de le remplacer, Orléans 15 mai 1847, D. p. 472, 138, il n'atteindrait pas son but et ne pourrait défendre les intérêts de son pupille, mais *il faut qu'il soit en cause*, et alors il ne fait qu'user du *droit de défense*, en s'opposant à l'exécution des sentences attaquées, car s'il en était autrement, il dépendrait du prodigue en refusant tout concours à son Conseil, de donner effet à toutes les obligations qu'il aurait pu contracter sans son autorisation, ce qui serait aller évidemment contre le but de la loi. Il faut donc bien, lorsqu'il *s'agit de défendre* en justice, les intérêts du prodigue, admettre que son Conseil puisse agir seul et sans le concours de celui-ci. Mais il n'en serait pas de même, s'il s'agissait d'attaquer, de poursuivre l'exécution d'une obligation au nom du prodigue.

Là, la convenance et l'opportunité ne peuvent être appréciées que par celui-là même qu'elles intéressent, et à cet égard, le prodigue ne peut pas être traité comme un fou, un interdit, chez lequel la loi suppose absence complète de bonne volonté.

Pour être plus complet, il faut résumer l'opinion : (Besançon 11 janvier 1851, D. p. 51, 2, 61. Rennes 3 janvier 1880, D. p. 80, 2, 254. Douai 7 mars 1881). — Ce qui précède, s'applique aux actions à introduire ou aux contrats à passer. — Mais que s'agit-il au contraire, d'une action dirigée contre le prodigue !

Quoique son Conseil n'ait pas qualité pour le représenter en justice, le demandeur a le devoir de mettre en cause ce Conseil, et, par suite, ce devoir implique pour ce dernier le droit de conclure de son chef, ainsi qu'il avisera, et de représenter la défense du prodigue, même en l'absence et contre le gré de celui-ci. Il est donc partie nécessaire au procès ; partie distincte, il est vrai, mais partie chargée par la nature de son mandat du poids principal de la défense ; en effet il ne pourrait remplir sa fonction, s'il lui était interdit de fournir à la justice ses explications personnelles, fussent-elles contraires à celles de l'assisté. On ne peut en conséquence, lui refuser de recourir aux voies de droit, ouvertes à tout plaideur pour conduire des arrêtistes à ce sujet :

Le jugement qui nomme à un prodigue un Conseil, le frappe

.d'une incapacité partielle dont les effets sont déterminés par .l'art. 515. En présence de cet article quel est l'état du prodigue !

Le prodigue conserve la libre disposition de sa personne ; quant à ses biens, il ne lui est permis de disposer ni de ses immeubles en les aliénant ou en les hypothéquant, ni de ses créances, puisqu'il lui est interdit de recevoir ses capitaux mobiliers, et d'en donner *quittance*, ni de tous autres droits quelconques en plaidant, en se désistant, en acquiesçant, en transigeant ; il lui est également défendu de s'obliger par voies d'emprunts directs ou indirects, exprimés ou déguisés.

Donc, d'après la loi, le prodigue garde la gestion de son patrimoine ; il peut exploiter ses biens, donner ou prendre à location, en observant les conditions de durée prescriptes au mineur émancipé, percevoir ses revenus, les dépenser, en faire l'emploi, sauf aux Tribunaux à apprécier le caractère plus ou moins.

Le procès a son terme définitif, c'est-à-dire à l'opposition et à l'appel, parce qu'il ne pourrait sans cette faculté, protéger suffisamment l'assisté contre les faiblesses de son caractère et les entraînements de la passion qui lui a fait donner un Conseil.

Aussi la doctrine et la jurisprudence, lui reconnaissent le droit de former opposition ou appel, d'une décision rendue contre son prodigue, Orléans 18 mai 1883, D. p. 54, 5, 443. Paris, 27 août 1855 et 26 juin 1857. Mais comme le Conseil ne représente pas l'assisté, celui-ci doit être en ce cas appelé en cause, car on ne pourrait exécuter la décision à intervenir contre lui, sans qu'elle lui fut connue, sans qu'il y eût été partie. Lorsque le prodigue n'est pas assigné, il appartient à la Justice d'ordonner sa mise en cause, important de l'acte, sa sagesse ou son extravagance, la bonne ou la mauvaise foi des tiers.

Le prodigue ne peut davantage contracter des engagements qui proviendraient d'un emprunt. La prohibition n'est pas directe, il est vrai, mais elle est le corollaire forcé de la défense faite au prodigue d'aliéner soit ses immeubles, soit même ses capitaux mobiliers, lesquels ne sont pas plus à sa discrétion que ses immeubles.

Cette prohibition d'aliéner entraine logiquement et rationnellement celle de contracter des obligations personnelles, conférant au créancier le droit de saisir et de faire vendre.

Cependant il ne faut pas conclure de là, que le prodigue soit absolument incapable d'aliéner et de s'obliger. S'il n'a à sa disposition, ni ses meubles, ni ses capitaux mobiliers, s'il ne peut s'obliger, ni sur les premiers ni même sur les seconds ; il ne serait pas vrai d'en induire qu'il ne peut rien aliéner, ni jamais s'obliger sans l'assistance de son Conseil. La proposition serait inexacte à l'égard :

1° Des aliénations de meubles corporels autres que les capitaux mobiliers, ces aliénations étant de nature à rentrer dans la sphère de simples actes de gestion.

2° Des engagements qui auraient pour causes les besoins du prodigue et de sa famille, alors d'ailleurs qu'elles n'excèdent pas ses ressources. Ces aliénations et ces engagements devraient être maintenus, sauf l'exercice du pouvoir d'annulation ou de réduction déjà signalé et consacré par la jurisprudence, même pour des actes en rapport avec les ressources du prodigue, mais qui n'auraient pas eu lieu dans la juste limite de ses besoins.

Mais il paraît généralement admis que la prohibition d'hypothèque est absolue, et qu'elle ne doit pas fléchir, même au cas où l'hypothèque serait consentie par suite d'une obligation que le prodigue aurait la faculté de contracter, c'est-à-dire d'une obligation qui se rattacherait à l'administration de sa personne ou de sa fortune.

La difficulté s'est élevée pour le mineur émancipé et la prohibition a été maintenue par presque tous les auteurs quelle que fût la nature de l'obligation.

La même solution est applicable au prodigue ; mais ceci accordé, les obligations dont on s'occupe ne résisteront-elles qu'à l'adjonction d'hypothèques ou de toutes autres garanties conventionnelles? que décider par exemple de l'hypothèque judiciaire ?

Disons de suite, que la question ne pourrait pas être posée s'il s'agissait d'engagement excédant la capacité du prodigue ; d'abord parce que l'obligation principale étant nulle, une hypothèque quelconque ne saurait y être accessoirement unie, et ensuite par cette autre raison péremptoire, qu'aucune condamnation ne pourra intervenir, ni dès lors l'hypothèque judiciaire se produire, en vertu d'une semblable obligation ; mais nous supposons une obligation valable, alors le créancier ne peut en poursuivre utilement le paiement en Justice et obtenir une condamnation.

Le jugement qui prononcera cette condamnation si elle était acquise, emportera-t-il hypothèque judiciaire sur les immeubles du prodigue, conformément aux articles 2117, 2123 ?

L'engagement au sujet duquel a été prononcé le jugement est valable, la condamnation pouvait légalement intervenir. Mais quel droit l'obligation et le jugement confèrent-ils aux créanciers ? Pour que le créancier ait une hypothèque judiciaire, il ne faut pas seulement qu'on rencontre une obligation et une condamnation valables, il faut en outre que la condamnation puisse être exécutée sur les immeubles du prodigue, puisque les immeubles sont seuls susceptibles d'hypothèque judiciaire. Or les condamnations prononcées contre le prodigue à raison des obligations par lui contractées dans le cercle de son administration créent-elles au profit des créanciers le droit d'exproprier les immeubles de son débiteur ? Demolombe, t. VIII, n° 744, est pour l'affirmative, car dit-il, si l'acte est tel que le tiers qui a traité avec le prodigue ait pû et dû croire que la dépense qui en résulterait était de nature a être acquittée par le prodigue sur ses revenus, l'acte est valable, le tiers est légitime créancier et s'il est légitime créancier, il a pour gage les biens mobiliers et immobiliers, présents et à venir de son débiteur.

Mais peut-on en effet dire que la dette du prodigue est valable, parce qu'elle est payable sur les seuls revenus du débiteur et que cependant la validité de cette dette implique pour le créancier la faculté de saisir le fond lui-même. C'est là émettre deux propositions qui se contredisent et perdent d'ailleurs complètement de vue le but nécessaire, dominant de la nomination du Conseil. Cette mesure de salut rend le prodigue incapable de faire seul aucun acte volontaire dont le résultat direct ou indirect, soit la dépossession partielle ou totale de ses immeubles ou de ses capitaux mobiliers.

Le prodigue n'est maître que de ses revenus et encore la sollicitude de la jurisprudence a-t-elle été si loin, qu'on a vu la Cour suprême, poser en principe que les engagements du prodigue ne doivent être validés comme affectant le caractère d'actes d'administration, que s'il est constaté non seulement qu'ils sont en rapport avec les ressources du débiteur, ou qu'en d'autres termes ses revenus peuvent les couvrir, mais encore qu'ils ont été contractés dans la juste limite de ses besoins. (Cass. 1er août 1860).

L'arrêt cassé avait été rendu dans l'espèce d'une obligation souscrite pour dépenses de nourriture. Cette dépense quoique faible eu égard à la fortune du prodigue pourrait être néanmoins extravagante, et les Tribunaux doivent veiller à ce que l'individu placé par eux dans les liens d'un Conseil judiciaire, ne prenne pas, même sur ses revenus seulement des engagements que ne justifieraient pas ses besoins.

Ainsi le prodigue est défendu contre ses actes, même lorsqu'il n'a entendu engager et n'a réellement engagé que ses revenus, à plus forte raison, est-il tenu de se faire assister de son Conseil, lorsqu'il s'agit d'une dette même restreinte aux besoins du prodigue, mais le créancier ne peut avoir la prétention de faire exécuter sur le capital mobilier et immobilier de son débiteur. On recontre ici le principe déjà énoncé, que le prodigue ne peut toucher aux capitaux dont s'agit, ni par des aliénations directes ni par des engagements.

Si les obligations que le prodigue a souscrites seul, pour les nécessités de son administration, ne grèvent et ne peuvent grever que ses revenus, il résulte que les condamnations intervenues pour l'exécution de ses engagements n'entraîne pas hypothèque judiciaire, quoique l'obligation principale ne soit pas nulle, parce qu'elle n'est exécutoire que sur les fruits ou intérêts constitutifs de valeurs mobilières non susceptibles d'hypothèque.

Ce n'est pas à dire cependant que l'hypothèque judiciaire ne prêtera son concours qu'aux obligations souscrites avec l'assentiment du Conseil. Certaines obligations peuvent être à la charge des capitaux du prodigue, bien que le Conseil ne l'ait pas assisté. Nous voulons parler des obligations résultant des délits et quasi délits. Ces obligations sont valables, de plus elles sont exécutoires sur les imn.eubles du prodigue comme sur les autres biens.

En résumé le point de savoir si les condamnations prononcées contre le prodigue, à raison de ses engagements produisent une hypothèque judiciaire doit être résolue à l'aide de la distinction ci-dessus.

1er S'agit-il d'une obligation subordonnée à l'assistance du Conseil qui lui a fait défaut, elle est nulle, et par suite point de condamnation, point d'hypothèque judiciaire.

2e L'obligation est-elle au contraire valable, alors il faut distinguer : ou la condamnation qui ordonne le paiement est exécutoire sur toute la fortune mobilière ou immobilière du prodigue, et en ce cas elle bénéficie de la prérogative du droit commun écrit dans les articles 2117 et 2123, ou elle n'est exécutoire que sur les revenus et restreinte à des valeurs purement mobilières, elle ne comporte pas l'application de ces articles.

Quid pour l'hypothèque légale. La femme peut-elle soit par suite de son contrat de mariage, soit au cours du mariage, devenir créancière de son mari, sans que ce dernier ait été assisté de son Conseil ?

Il faut rechercher sous quel régime le prodigue a pu se marier, puis le suivre, recevant la dot de sa femme, lui donnant pendant le mariage des autorisations qui engageront sa responsabilité, obtenant d'elle des engagements qui la feront réputer sa caution ; en un mot, se plaçant seul dans l'une des hypothèses que la loi a considéré comme une source de reprises en faveur de la femme.

S'il avait besoin de l'assistance de son Conseil, il ne sera pas obligé, et dès lors pas d'hypothèque légale.

Lorsqu'au contraire, il sera reconnu que le mari pouvait faire l'opération qui l'a constitué débiteur sans être assisté de son conseil, la validité de sa dette impliquera-t-elle comme conséquence forcée le droit hypothécaire de la femme ? (Cassation 24 décembre 1856; Dalloz 57, 1. 18).

Enfin de tout ce qui précède, il résulte :

1° Que le Conseil qui se bornerait à assister le prodigue ne remplirait pas sa mission, que son devoir est de conseiller, diriger, donner son avis à celui qu'il doit prémunir contre ses entraînements. (Orléans 15 mai 1846, Dalloz 1847, 2, 138. Besançon 11 janvier 1880, 2, 254.

2° Que le Conseil ne peut opposer des nullités d'actes passés hors son assistance que lorsqu'il est mis en cause, et ce tant en demandant qu'en défendant (Paris 13 fevrier 1841); comme aussi à former opposition à un jugement par défaut. (Paris 26 juin 1836, Cass. 8 décembre 1841).

Quid, si le Conseil refuse d'assister le prodigue, le Tribunal peut-il accorder l'autorisation de passer l'acte que le Conseil ne veut pas approuver ?

Non, le Tribunal ne peut couvrir l'incapacité de celui qui parle ; en fait d'incapacité, tout est de rigueur parce qu'il s'agit de lois qui concernent l'ordre public, (Orléans 15 mai 1847, Dalloz 1851, 2, 61. Paris 15 mars 1881).

Est-ce à dire qu'il n'y ait aucun recours contre le refus du Conseil ?

Ce refus peut être abusif et nuisible au prodigue, celui-ci

demande alors la nomination d'un Conseil adhoc, ou la révocation du Conseil ou la nomination d'un Conseil nouveau, (Orléans 22 août 1868, Dalloz 1869, 1, 268. Demolombe, t. VIII, n° 762. Aubry et Rau, t. Ier, page 568). Le Tribunal ayant le droit, dit la Cour de Cassation, de nommer le Conseil, a le droit de le révoquer quand il refuse sans motifs légitimes d'assister le prodigue, et si le juge peut prononcer la révocation absolue, il peut par la même raison nommer un Conseil spécial pour un objet particulier que le premier Conseil n'aurait pas examiné avec assez de soin. (Cass., 13 février 1844, 12 août 1868, Dalloz, 1, 268. Paris 23 octobre 1869, Dalloz 69, 3, 90.

Mais cette question de substitution ne doit pas être régulièrement appliquée, car la nomination en matière d'Etat, n'emporte pas de plein droit le pouvoir de révocation. Le seul recours que le prodigue puisse avoir dans ce cas, dit Laurent, c'est une action en responsabilité contre son Conseil, car interprétant la loi dans le sens de la révocation, c'est la faire, en disant que les Tribunaux peuvent révoquer dans tel cas et ne peuvent pas le faire dans tel autre.

Un seul motif pourrait exister de remplacer et non de révoquer le Conseil, ce serait celui où le Conseil refuserait d'assister pour toute espèce d'actes.

Le Conseil est-il responsable ? Oui, du dol, de sa faute ou négligence graves, art. 1382, 1383 et 1992. Demolombe, t. VIII, p. 204, n° 258. C'est un mandataire légal, et ce mandat doit être rempli de manière à sauvegarder les intérêts du prodigue, si le mandataire néglige ce devoir, il répond de sa négligence.

III. — Des effets de la nomination du Conseil, en ce qui concerne les époux.

Le mari pourvu d'un Conseil, conserve néamoins la puissance maritale et la puissance paternelle, il administrera la communauté de même que les propres de sa femme. S'il gérait mal, la femme aurait une ressource, demander sa séparation de biens.

Il peut autoriser sa femme pour tous les actes qu'il a le droit de faire sans l'assistance de son Conseil, autrement il faut que le mari assisté de son Conseil l'autorise, car les Tribunaux ne peuvent le faire sans altérer la puissance maritale : or cette puissance est d'ordre public, et le juge ne peut pas plus la modifier que les conventions des parties, le prodigue étant en principe incapable, et ne pouvant être assimilé au mineur émancipé, la justice ne peut intervenir que quand le mari est incapable, et le mari prodigue ne l'est pas.

Le mari dès lors ne peut autoriser sa femme à exploiter un commerce.

IV. — Qu'elles personnes peuvent provoquer la nomination d'un Conseil judiciaire ?

Les parents du prodigue, ceux-là seuls, qui doivent lui porter intérêt. Mais leur mission se borne à cet acte ; au Tribunal du domicile à faire seul, le choix lui-même de ce Conseil, car le législateur n'a pas voulu laisser à d'autres ce soin, craignant l'influence que la personne choisie peut jouer dans ce rôle, influence qui pourrait-être préjudiciable aux intérêts du prodigue. Aussi la tâche du Tribunal est souvent difficile, car tout en conciliant les exigences de la loi, il doit défendre les intérêts du prodigue. Aussi le Conseil doit-il être pris autant que possible, en dehors des plus proches parents, en dehors de ceux qui pourraient avoir un intérêt direct comme héritiers présomptifs ; il doit être choisi d'un caractère juste, équitable, énergique, et dans une position qui le rende tout à fait inaccessible aux influences sentimentales et pécuniaires.

La demande en nomination d'un Conseil judiciaire ne doit pas être trop précipitée, elle ne doit pas être non plus trop tardive, après que le mal serait irréparablement accompli. Cela serait d'autant plus fàcheux que les effets de cette nomination ne rétroagit pas sur les actes, il faut la provoquer en temps opportun.

V. — A partir de quel moment l'incapacité des personnes pourvues d'un Conseil judiciaire existe-t-elle?

L'art. 502 porte que la nomination d'un Conseil a son effet du jour du jugement, l'appel n'est pas suspensif en cette matière, en ce sens que si le jugement est confirmé, l'incapacité datera non pas de l'arrêt, mais du jugement, (Angers 3 août 1866, Dalloz 1867, 2, 23). Le jugement dont s'agit doit recevoir toute la publicité exigée par la loi.

Des actes que les personnes pourvues d'un Conseil peuvent faire.

Le prodigue a le droit de gouverner sa personne comme il l'entend, il a le domicile qui lui convient, (Cass. 14 décembre 1840, Dalloz interd. 289, 2) ; il peut embrasser telle profession qu'il juge convenable, louer ses services, son industrie.

Le Conseil n'est pas nommé à la personne, mais aux biens ; de là le prodigue peut se marier, (Cass. 19 mars 1839, Dalloz, mariage n° 265, 7) ; il jouit également de la puissance maritale et paternelle.

Le Conseil nommé aux biens et non à la personne ne peut intervenir que dans les cas prévus par les art. 499 et 513, d'où il suit que le prodigue peut faire tous les actes d'administration, (Aubry et Rau, t. Iᵉʳ p. 572, Demolombe, t. VIII, p. 501, n° 743).

Il peut donc sans son Conseil :

1° Louer ses maisons, ses terres, art. 1429, 1430, 1718, pourvu que le bail ne dépasse pas neuf années, car dans le cas où ce délai serait dépassé, le bailleur, c'est-à-dire le prodigue, ne serait pas lié pour le temps en plus, et pourrait en demander la réduction à ce terme, (Toulouse 23 août 1855, Dalloz 1855, 2, 328).

2º Recevoir ses revenus, loyers, fermages, arrérages de rentes, et les employer comme il lui plaît. Cependant il est prudent de ne pas lui permettre de s'engager pour causes d'achats frivoles ou autres, de manière à absorber ses revenus et à rester sans ressources pour faire face à ses besoins véritables.

3º Vendre ses fruits, denrées. *Quid* de son mobilier meublant? Si la nécessité et l'utilité en sont démontrées, et que ce mobilier ne lui soit point indispensable.

4º Prendre à bail un logement, une ferme, un domaine rural, si telle est sa profession, celle pour laquelle il a été élevé, louer des domestiques, s'engager comme acteur, comme clerc, commis, employé, ouvrier. Peut-il être commerçant? Non, cette profession devant le soumettre à des clauses interdites par la loi. Mais peut-il autoriser sa femme à exploiter un commerce ?

Le prodigue, même avec l'assistance de son Conseil ne peut autoriser sa femme à faire un commerce. En effet, celui qui est pourvu d'un Conseil, ne pouvant comme nous venons de le dire être autorisé par celui-ci à faire le commerce, car une telle autorisation serait générale, tandis que l'assistance est de sa nature spéciale. Le mari ne pouvant faire le commerce, ne peut par la même raison, autoriser sa femme à devenir marchande publique, puisqu'il ne peut autoriser sa femme à faire ce qu'il ne peut faire lui-même, (Laurent, p. 433. Interdiction, arrêt de Paris, 13 novembre 1886, conforme), il est dit :

Considérant que celui qui est pourvu d'un Conseil judiciaire ne peut être autorisé par son Conseil à faire le commerce, une telle autorisation étant de sa nature, générale et indéfinie, et comprenant des actes que le prodigue ne peut faire sans l'assistance de son conseil, assistance dont cette autorisation aurait précisément pour résultat de le dispenser.

Considérant que le mari étant pourvu d'un Conseil judiciaire, ne peut faire le commerce, ne peut par la même raison autoriser sa femme à devenir marchande publique, même avec l'autorisation de son Conseil, puisqu'il ne peut autoriser sa femme à faire ce qu'il ne peut faire lui-même, et que dès lors, qu'il ne peut s'obliger directement, il ne peut valablement consentir à ce que sa femme s'oblige (Dalloz, 1886, 2, 245.)

Les Tribunaux et la loi ayant défendu au prodigue de transiger, emprunter, plaider sans l'assistance de son Conseil, celui-ci est donc incapable de consentir pour tout ce qui peut engager son patrimoine ; incapable de consentir, il est par cela même incapable d'autoriser.

Le prodigue peut-il contracter une société ?

Les raisons sont les mêmes que pour celles qui lui défendent d'être négociant.

5° Faire à ses propriétés les réparations d'entretien et même d'améliorations de peu d'importance, et dont la dépense peut être prise sur ses revenus.

Acheter tout ce qui est utile et nécessaire pour les besoins de sa maison, mais dans une juste limite de ses besoins et de ses ressources. (Cass., 3 avril 1855 ; Dalloz, 1855, 1, 129 ; Lyon, 16 Mai 1861 ; Dalloz, 1861, 2, 165. — *Quid* s'il dépasse ? — La Cour de Lyon dit qu'on doit réduire à ce qui était indispensable, (16 mai). Paris, prétend que ses engagements peuvent être validés s'il est établi qu'ils ont une cause sérieuse, et que le prodigue en a profité, 23 août 1865. (Dalloz, 1867, 1, 482), mais s'ils peuvent être validés, c'est qu'en principe ils ne sont pas valables, donc le prodigue est incapable de contracter.

Si l'engagement contracté par le prodigue est valable, quel en sera l'effet ? Doit-on appliquer le principe que celui qui engage sa personne engage ses biens et que tous les biens meubles et immeubles sont le gage de ses créanciers. Art. 2,092-2,093.

La question est controversée ; Laurent est pour l'affirmative, car prétend-il, le prodigue n'est pas un incapable, il peut souscrire des engagements dans les limites de ses capacités, dès lors ils doivent avoir les mêmes effets que s'ils avaient été souscrits par des majeurs, mais le prodigue ne peut aliéner, or ce qui lui est défendu de faire directement il lui est aussi défendu de le faire en contractant des engagements, mais, dit Laurent, il n'élude pas la défense d'aliéner quand il contracte dans la limite de sa capacité et l'adage ci-dessus ne peut lui être appliqué.

A-t-on le droit de saisir les biens meubles et immeubles du prodigue ?

La Doctrine le refuse absolument aux créanciers. (Paris, 7 mai 1852 ; Dalloz, 1853, 2, 80), une exception est faite pour le quasi délit, d'après les dispositions de l'art. 1310, le mineur n'est point restituable contre les obligations résultant de son quasi délit, à plus forte raison ce principe doit-il être étendu au prodigue. (Paris, 7 mai 1852 ; Dalloz, 1853, 2, 20). Du reste le quasi délit du prodigue serait atteint par l'article 1382, qui formule un principe général dont l'art. 131 n'est qu'une application.

Le prodigue, sans l'assistance de son Conseil peut-il acquérir. des valeurs de bourse à terme ou la remise d'une somme en couverture pour une opération de bourse ? Ces actes constituent une aliénation ou tout au moins dépasse les limites de l'administration. (Cass., 10 août 1860 ; Dalloz, 1860, 1, 316 ; Aubry et Rau, t. 1, § 140, p. 572 ; Demante, art. 513, n° 286 bis III ; Demolombe, t. 1, n° 743).

Les prohibitions de l'art. 513 introduites dans l'intérêt du prodigue, ont pour but de prévenir l'entière dissipation de son patrimoine ; elles doivent dès lors s'appliquer à tous les éléments constitutifs de ce patrimoine quel qu'ait été le mode d'acquisition. Du reste la disposition de l'art. 513 relative à la défense d'aliéner est conçue en termes généraux.

6° Conclure des conventions matrimoniales autres que dans le cas où elles constituent quelques donations entre vifs ou quelqu'ameublissement qui sont des actes d'aliénation, mais il n'aurait besoin d'aucune autorisatton si ces conventions matrimoniales ne contenaient que des dons de survie qui ne participent que des donations à cause de mort, sur lesquelles il n'est pas astreint à un avis quelconque.

7º Il peut demeurer où bon lui semble ;

8º Se marier ;

9º Se faire adopter ou adopter un tiers ;

10º Reconnaître un enfant naturel ;

11º Faire un testament. — La défense d'aliéner ne s'applique qu'aux actes à titre onéreux et non à ceux gratuits, car le testateur ne se dépouille pas, et ne fait que de désigner les objets dont il entend gratifier à sa mort.

En un mot le prodigue peut faire tous les actes d'administration qui n'engagent que ses revenus, et encore faut-il tenir compte du caractère de l'acte d'une manière absolue, de son utilité, de son inutilité, de sa sagesse, de son extravagance.

VI. — Le prodigue peut-il accepter une succession sans l'assistance de son Conseil ?

Les cours de Douai et de Rouen se sont prononcées pour l'affirmative, comme aussi elles reconnaissent qu'il peut procéder à un partage, sauf toutefois le cas, où pour parvenir à la liquidation d'une succession, il pourrait se trouver dans la nécessité de faire quelques actes formellement énumérés dans l'art. 513, mais la loi, en thèse générale, n'exige pas la présence du Conseil aux opérations de liquidation.

Tous les auteurs sont d'un avis contraire, tant sur l'acceptation que sur ses conséquences. (Chabot, art. 776 ; Duranton, t. 6, nº 419 ; Malpol, nº 187 ; Pougol, art. 776, nº 5 ; Vazeilles, nᵘˢ 6 et 7 ; Bilhaud, référés, p. 45 ; Zacharie, t. 4, p. 252, nº 20).

Le prodigue peut-il faire procéder à un inventaire sans l'assistance de son Conseil, ainsi qu'à la description des titres et objets mobiliers d'une succession qui lui est dévolue ?

L'arrêt de Rouen du 19 avril 1847 ; Dalloz, 1847, 2, 91, se prononce pour l'affirmative, il se base sur ce que le prodigue saisi de plein droit des biens du défunt, s'il est héritier légitime ne reçoit rien, qu'il s'en suit dès lors que par la force des choses et des principes il est saisi régulièrement des valeurs mobilières qui lui appartiennent, qu'il peut dès lors en user comme bon lui semble sans que l'intervention de son Conseil puisse paralyser son droit, du même avis, sont Trouiller, t. 2, n° 1378 ; Duranton, t. 3, n° 799 ; Rolland de Villargues, répert. not. Voir Conseil judic. n°s 30 et 31 ; Carré, n° 2.507, est d'une opinion contraire.

Attendu que le droit du co-héritier dans les immeubles indivis est : *totum in toto, et totum in qualibert parte ;* — d'où il suit qu'en partageant, le co-héritier aliène du moins indirectement la portion qui ne lui échoit pas. (Chauveau est du même avis ainsi que Bioche).

VII. — Des actes qui sont interdits au prodigue sans l'assistance de son Conseil.

Le prodigue ne peut :

1° Plaider dans toutes instances, soit en demandant, soit en défendant ; cette défense est absolue, elle s'applique tout aussi bien aux procès relatifs aux immeubles qu'à ceux relatifs à la personne : — Exemple une opposition à mariage, séparation de corps, interdiction, etc.

Les art. 499 et 513 portent que le Tribunal peut défendre au prodigue de plaider sans l'assistance de son Conseil et il n'y a pas lieu de distinguer entre la demande et la défense. (Bruxelles, 26 Mai 1841), entre les actions mobilières et immobilières. (Toulouse, 2 décembre 1839 ; Dalloz, interd. n° 292, 1), opposition à mariage (Limoges, 2 juin 1856 ; Dalloz, 1857, 2, 26) ; séparation de corps, divorce.

La défense de plaider entraîne la défense d'acquiescer sans l'assistance de son Conseil. Acquiescer à une demande ou à un jugement, c'est renoncer à se défendre. Par la même raison il ne peut se désister. (Arrêt de Rennes, 26 décembre 1866 ; Bruxelles, 17 novembre 1823 ; Dalloz, 1867, 1, 481). Ces arrêts s'appuient sur ce que le prodigue ne peut transiger. Il ne peut aussi pour le même motif, former opposition, aller en cassation.

Le prodigue intente une action sans être assisté, le défendeur peut lui opposer une fin de non recevoir. Mais l'action dans ce cas sera-t-elle considérée comme nulle? Non, car le prodigue a qualité pour agir puisque c'est lui seul qui est en cause. Ce n'est donc qu'une simple fin de non-recevoir que le défendeur lui oppose, car agir en justice est souvent un acte conservatoire. Or, il se peut que le Conseil soit absent, empêché ou refuse son concours et le refus peut ne pas être fondé, il faut que le prodigue ait la faculté de provoquer une instance pour la conservation de ses droits. (Potiers, 7 août 1867 ; Dalloz, 1869, 1, 269).

2° *Transiger*. — Il est défendu au prodigue de transiger, art. 499 et 513, il peut recevoir ses revenus, en disposer, mais il ne lui est pas permis de transiger sur ses revenus, il ne peut non plus compromettre. Art. 1003, code procédure.

3° *Aliéner*. — Il lui est également défendu d'aliéner sans son Conseil, soit ses meubles, soit ses immeubles, la loi veut l'empêcher de se ruiner. (Demante, t. II, p. 357, n° 285 *bis ;* Aubry et Rau, t. I, p. 571 et note 10). La défense est absolue, par la même raison, il ne peut pas établir de droit réel quelconque, servitude, usufruit, emphyteose, superficie, consentir d'antichrèse (qui est l'aliénation des fruits).

Le prodigue comme nous l'avons dit, peut faire un contrat de mariage s'il ne contient pas d'aliénation mobilière et immobilière autrement l'assistance de son Conseil serait nécessaire.

Mais s'il ne fait pas de contrat de mariage sous quel régime est-il marié ? Sous celui de la communauté légale. (Aubry et Rau, t. 1, p. 273, note 24 ; Limoges, 27 mai 1867 ; Dalloz, 1867, 2, 77).

Laurent prétend que le prodigue ne peut faire de donations d'aucune sorte. Les Cours d'Agen et de Bordeaux sont de cet avis. La Cour de Cassation est d'un avis contraire, 24 décembre 1857 ; Dalloz, 1857, 1, 17 ; elles se basent sur ce que l'institution contractuelle étant irrévocable, il perd sur ses biens la plénitude de propriété qu'il avait auparavant, et qu'il se dessaisit d'une partie de ses droits et dépouille en même temps ses parents. Quant à la faculté de faire un testament nous en avons parlé précédemment ainsi que de l'autorisation qu'il peut donner à sa femme pour être commerçante publique.

4° Emprunter. — L'emprunt est l'acte le plus dangereux pour le prodigue, aussi la loi le lui défend expressément et la jurisprudence annule tous les emprunts faits directement et indirectement. Ainsi un bail portant paiement anticipé de plusieurs années de fermages, ce qui constitue un emprunt déguisé. (Rouen, 30 mai 1839, confirmé le 5 août 1840 ; Dalloz, interd. n° 294, 1.). La négociation d'un effet de commerce. (Caen, 14 juillet 1845 ; Dalloz, 1845, 1, 323).

5° Recevoir un capital mobilier et en donner décharge. — Le but de l'intervention du Conseil est d'empêcher les incapables de dissiper les capitaux qu'ils touchent. Mais le prodigue peut disposer de ses revenus et intérêts, il peut comme nous l'avons dit procéder à un partage, à un inventaire, pour toucher les deniers comptants, cette question est controversée, et pour plus de sûreté le concours du Conseil serait nécessaire, il ne peut faire un remploi, ni faire partie d'une société commerciale. Mais le Conseil est-il chargé de surveiller et d'exiger l'emploi d'un capital mobilier ?

Il y a divergence sur cette question. La loi étant muette sur ce point, tandis qu'elle l'impose, art. 482, au tuteur, au curateur. Demolombe prétend qu'il n'y a rien à induire dans cette différence, que si la rédaction est plus complète sous ce rapport que celle de l'art. 513, c'est que l'une exprime ce que l'autre sous-entend, mais que la pensée est la même dans les deux articles, car qui veut la fin, veut les moyens, et la loi n'a pas eu l'intention d'exiger une formalité dérisoire. Or l'assistance d'un Conseil à la réception d'un capital mobilier par le prodigue serait véritablement dérisoire, si le prodigue restait maître absolu de ce capital et pouvait le dissiper à son gré. D'où la conséquence nécessaire ou même plutôt le but essentiel de l'assistance qui est exigée, c'est la surveillance de l'emploi. (Aubry et Rau, t. 1, p. 571, note 9 ; Caen, 6 mai 1850 ; Dalloz, 1851, 2, 46).

6° Hypothéquer. — De même que pour l'aliénation, le partage ou la licitation, le prodigue ne peut hypothéquer sans l'assistance de son Conseil, car aussi bien que dans les opérations ci-dessus, ce dernier doit examiner sérieusement si les conditions sont raisonnables, s'il y a nécessité ou utilité.

Quid si le prodigue déguise sous l'apparence d'un acte qu'il avait le droit de faire seul, un acte pour lequel l'assistance de son Conseil était au contraire requise ?

Cette simulation ne saurait le soustraire à l'application de l'art. 513, par exemple il emprunterait sous forme de bail, (Cass. 5 août 1811), s'il souscrivait une lettre de change ou constituait une obligation personnelle ou solidaire, sous prétexte de recevoir des fermages, (Cass. 14 juillet 1845).

Qu'adviendrait-il si le prodigue avait fait exécuter de grosses réparations sans consulter son Conseil, si ces réparations étaient réellement nécessaires ? Dans ce cas le prodigue est véritablement engagé parce que l'opération est utile, qu'il en profite, et que l'on ne peut s'enrichir aux dépens d'autrui ; mais les engagements en général qui peuvent dériver de ces grosses réparations à l'égard des tiers, n'offrent pas toujours pour ceux-ci une grande sécurité, ils sont discutés et dès lors subordonnés à l'utilité ou l'inutilité de la dépense et de la bonne ou mauvaise foi des engagés.

VIII. — Comment doit-on prévenir le Conseil ?

L'effet de la nomination du Conseil courra à compter du jour où cette nomination est devenue définitive, (c'est-à-dire les délais d'appel expirés).

Lorsque son concours est indispensable, le Conseil doit être prévenu par missive, et dans le cas où ce dernier ne répondrait pas à cet appel, il devrait être sommé par exploit.

Quid si le Conseil n'est pas prévenu ? Il peut former opposition à la décision intervenue contre le prodigue s'il s'agit d'une instance judiciaire, car son devoir est de protéger le prodigue, lors même que celui-ci garderait le silence, il doit d'office dans ce cas intervenir, conclure et s'opposer à l'exécution.

Mais il s'agit d'un acte extrajudiciaire, d'un simple arrangement intervenu sans son concours, cet acte ou cet engagement sont-ils préjudiciables au prodigue ; il peut, il doit selon les besoins ou la nécessité, agir seul, en son propre et privé nom, pour réclamer la nullité du fait qui fait grief au prodigue, tout en mettant en cause celui-ci, afin que la décision à intervenir soit rendue contradictoire.

S'agit-il d'une répartition dans un ordre, une contribution, une faillite, et le prodigue a-t-il négligé ou refusé de produire, de se faire représenter, son Conseil doit prendre toutes les précautions, toutes les garanties qui lui paraissent utiles pour sauvegarder les intérêts de celui-ci, tout en le faisant intervenir.

Dans toutes ces circonstances, soit d'intervention de concours, d'avis, d'autorisation, le Conseil agit sans aucune condition, ni autorisation émanant du Conseil de famille ou du Tribunal, il agit sans aucune formalité judiciaire et puise son droit dans la nature seule de son mandat.

IX. — Le Conseil peut-il agir seul et à l'insu ou en l'absence du prodigue ?

Je ne le pense pas, toujours le prodigue doit être appelé ou mis en cause, ou mis en mesure de comparaître. S'il fait défaut, ou s'il refuse d'agir, le Conseil agit personnellement, et ses intérêts sont défendus et débattus, car il n'a pas seulement le droit de formuler un simple avis, dans ces circonstances, le législateur a entendu lui conférer un rôle actif, il n'a pas voulu le laisser assister tranquillement à la ruine de celui qu'il doit protéger, il lui a procuré tous les moyens nécessaires pour parvenir à un but contraire, il a mis dans ses mains les pouvoirs protecteurs les plus étendus et les moyens les plus sérieux et les plus efficaces pour remplir sa mission.

Il peut donc seul, selon les circonstances et nécessités, après une mise en demeure, interrompre les prescriptions contre les débiteurs, détenteurs de biens, demander la nullité des actes qui font griefs à son prodigue. Mais si le prodigue refuse le concours de son Conseil ?

Il, doit dans ce cas s'adresser à la justice pour déduire les motifs de son refus, car le Conseil peut se tromper, il peut apporter de la négligence, de la tiédeur, du mauvais vouloir, et il ne serait ni raisonnable, ni juste, que la personne pourvue d'un Conseil judiciaire n'ait jamais les moyens d'obtenir raison d'un acte irréfléchi, il peut donc provoquer la révocation de son Conseil ou la nomination d'un Conseil *ad hoc* selon les circonstances.

Le prodigue agit dans les procès ou dans les actes par lui-même, son Conseil ne doit point paraître comme demandeur ou défendeur ou acteur principal, il doit n'y être appelé que pour l'assister ou approuver ce qu'il a fait. La procédure serait nulle si le Conseil était appelé comme partie principale.

C'est le prodigue qu'il faut assigner directement sauf au demandeur, si l'avis du Conseil ne lui est pas justifié à le mettre en cause, et même à le faire condamner à satisfaire à cette formalité.

X. — Le Conseil peut-il attaquer tous les actes défendus, consentis par le prodigue, même ceux qui sont antérieurs à sa nomination ?

Il y a lieu de distinguer si les actes antérieurs sont sérieux, ont une date certaine, pas de difficultés s'ils sont valablement acquis.

Si au contraire ils n'ont pas date certaine, (art. 1328 du code civil), dans ce cas il peut en demander la nullité, car ils sont faits en fraude des droits ou intérêts du prodigue, et il peut exiger que les actes qu'on lui oppose aient tous les caractères de certitude et de bonne foi que la loi prescrit.

Quid des actes postérieurs à la nomination ?

Les effets de la nomination remontant au jour de cette nomination, il en résulte par application des art. 499 et 513 que les actes postérieurs passés sans l'autorisation du Conseil sont annulables par analogie à ce qui est décidé pour les interdits.

Quel est le caractère de cette nullité ? Doit-elle être demandée en justice ? Par qui peut-elle être demandée ? A quelle présomption est-elle soumise ? Les obligations consenties par le prodigue sans l'assistance de son Conseil ne sont pas absolument nulles, c'est aux tribunaux a décider si l'obligation a été faite par le tiers de bonne foi, de rechercher la nature de la dépense, la position du débiteur, si les intérêts de l'incapable ont été compromis.

Le prodigue et son Conseil peuvent poursuivre la nullité de ces actes annulables en vertu de l'article 513, expliqué par l'articie 502, c'est-à-dire pour cause d'incapacité. Ces actions doivent être exercées dans les dix ans qui suivent la main levée du jugement qui a nommé le Conseil judiciaire, art. 1304, même après cette époque elle est susceptible de ratification et de confirmation, art. 1338. Si le prodigue exerce cette action et fait prononcer la nullité de ses engagements, ce qui lui a été versé en conséquence de ceux-ci, pendant qu'il était pourvu d'un Conseil judiciaire, ne peut être exigé de lui, qu'autant qu'il est prouvé qu'il en a profité et tiré un avantage.

Quant aux actes passés pendant la litispendance ils sont valables, à moins qu'il n'y ait de trace de dol et de fraude, qu'ils aient été faits par des tiers en connaissance de l'instance engagée, qu'un parent qui a voté au Conseil de famille, qu'un trésorier, qu'un avocat, qu'un avoué qui ont été employés dans l'instruction.

Si le contrat passé avec eux est préjudiciable au prodigue et qu'il ait été fait déloyalement et afin de frauder d'avance la chose qui allait être jugée, dans ce cas le droit et la morale veulent qu'ils soient annulés.

De ce qui précède il suit : que quand le prodigue fait un acte défendu, il est sous l'empire du droit commun et parconséquent qu'il ne peut attaquer l'acte que dans les cas où un majeur pourrait l'attaquer, et qu'il en est de même s'il fait un acte défendu avec l'assistance de son Conseil.

Or donc, s'il fait sans l'assistance de son Conseil un acte défendu, l'acte d'après Laurent est nul de plein droit, de même que les actes passés par l'interdit, le code le dit dans l'art. 502 pour les faibles d'esprit, mais ne reproduit pas cette disposition dans l'art. 513 pour les prodigues ; faut-il en conclure que les actes que ces derniers font, sans l'assistance de leurs Conseils, sont nuls de plein droit ? Oui, car les effets dans les deux cas sont identiques, le but étant le même, il doit aussi en être de même pour les conséquences. Les actes passés par l'interdit sont nuls de droit parce que le jugement établit une présomption d'incapacité. Cette même présomption existe pour le faible d'esprit à partir du jugement qui lui nomme un Conseil, elle doit aussi exister pour le prodigue.

Les actes sont donc nuls de droit et le Tribunal doit les annuler par cela seuls qu'ils ont été faits par une personne placée sous un Conseil, sans son assistance. Le demandeur n'a rien à prouver, ni lésion, ni mauvaise foi du tiers, il n'a qu'une preuve à faire, c'est que l'acte a été fait postérieurement au jugement qui a nommé le Conseil.

Cependant la Cour de Metz, (21 mai 1817, Dalloz interd. n° 260, 2), a jugé que la nullité résultant de la non assistance du Conseil, était une simple rescision pour cause de lésion, que la rescision ne devait pas être prononcée lorsque les tiers avaient contracté de bonne foi, au vu et su du Conseil, qui était resté dans l'inaction, de manière que les tiers devaient ignorer l'incapacité de celui avec lequel ils traitaient.

Cette décision est fondée en équité, mais non en droit selon Laurent, et pour s'en convaincre, il ne s'agit que de lire l'article 502, car la Cour en prononçant de la sorte, avait perdu de vue l'art. 1118, qui pose le principe fondamental en matière de lésion et dans lequel il est dit *qu'elle ne vicie les conventions que dans certains contrats ou à l'égard de certaines personnes*.

Quelles sont ces personnes ? Les mineurs (art. 1305) seuls, cela décide donc pour les prodigues (Amiens, 21 juillet 1852. Dalloz 1853 ?

Quant à la bonne foi des tiers, elle ne peut être invoquée pour valider des actes qui sont nuls de droit. Tout ce que l'équité peut exiger de la rigueur de la loi ; c'est que le prodigue soit tenu de restituer ce dont il s'est enrichi. (Bruxelles, 1er août 1860).

Le principe posé par l'art. 502 est absolu ; il s'applique à toute espèce d'actes juridiques, aux jugements aussi bien qu'aux actes extra-judiciaire, cela a été jugé le 24 décembre 1851, par la Cour de Bruxelles, interd. 292.

L'action par laquelle ces actes nuls sont attaqués, est une action en nullité, et cette action est régie par les principes généraux qui régissent les demandes en nullité.

D'abord, la nullité est relative, c'est-à-dire que la personne pourvue d'un Conseil peut seule s'en prévaloir ; par analogie on doit appliquer aux prodigues ce que l'art. 1125 dit des incapables, mineurs, interdits, femmes mariées. Les personnes capables de contracter ne peuvent opposer l'incapacité de celui avec qui elles ont contracté. C'est le droit commun, quand la nullité n'est pas d'ordre public, l'action ne peut être intentée que par la partie au profit de laquelle elle est établie. Or il est évident que si l'acte fait par un prodigue est déclaré nul, c'est uniquement dans son intérêt.

L'action doit être intentée dans les dix ans (art. 1304). Quand ces dix années commencent-elles à courir ? Ce délai ne court qu'à partir du jugement qui prononce la main levée de la défense de procéder sans l'assistance d'un Conseil, car aussi longtemps que le prodigue est sans Conseil, il n'est pas plus capable de confirmer l'acte nul que de le faire ; parce que la confirmation serait viciée par la même cause qui a vicié l'acte, (Demolombe t. VIII, p. 518, nº 767).

Quel est l'effet de l'annulation ? En principe, les actes sont considérés comme n'ayant jamais été faits, c'est en ce sens qu'il faut entendre l'adage : (que ce qui est nul ne produit aucun effet). De là suit, que les parties contractantes doivent être replacées dans l'état où elles étaient avant d'avoir contracté. Si donc l'une a reçu quelque chose en vertu du contrat, elle doit le restituer.

L'art. 1312 déroge à ce principe, il statue sur les mineurs, les interdits, les femmes mariées dont les engagements sont annulés, ils ne doivent pas rembourser ce qui leur a été payé, à moins qu'il ne soit prouvé, que ce qui a été payé a tourné à leur profit. Cette disposition doit être appliquée par analogie aux prodigues parce qu'il y a motif identique de décider et qu'ils ne peuvent pas être lésés par les actes qu'ils font. (Cass. 5 août 1840. Dalloz, interd. 294). La nullité peut encore se couvrir par une confirmation du prodigue donnée avec l'assistance de son Conseil, (Bruxelles, 9 octobre 1823. Dalloz, interd. nº 295, 3).

XI. — Des actes postérieurs au Jugement.

L'art. 503, porte que les actes antérieurs pourront être annulés, si la cause de l'interdiction existait notoirement à l'époque où ces actes ont été faits. En est-il de même pour le prodigue ? Non, car quand il y a aliénation mentale, il y a par cela même incapacité, tandis que la prodigalité n'est pas une cause d'incapacité et ne le devient qu'en vertu du jugement ; or, l'effet ne peut précéder la cause, (Demolombe, t. VIII, p. 422, 662).

XII. — Main-levée de Jugement.

L'art. 514 porte que la défense de procéder sans l'assistance d'un Conseil ne peut être levée qu'en observant les mêmes formalités que celles prescrites pour la demande.

Qui peut demander la main-levée ? Le prodigue assisté de son Conseil.

Devant quel Tribunal la demande de main-levée doit-elle être portée ?

C'est devant le Tribunal du domicile du prodigue.

Le Conseil judiciaire est-il tenu d'accepter sa mission ?

Cette question est controversée.

Pour l'affirmative on peut dire :

1º Que les fonctions de Conseil judiciaire aussi bien que celles de tuteur, de subrogé-tuteur, de curateur, répondent à un besoin social ; que c'est donc une charge publique et que la loi ayant créé dans un intérêt public cette institution, n'a pas dû s'exposer à des refus qui la rendait impraticable.

2º Qu'on objecterait en vain le silence des textes, puisque les art. 499 et 513, confiant au juge le droit de nommer, impose par cela même à celui qu'elle nomme l'obligation d'accepter, que la nomination du Conseil judiciaire est une dépendance, une diminution de la tutelle des interdits, comme la curatelle des émancipés est une dépendance de la tutelle des mineurs et que dès lors les mêmes textes qui déclarent obligatoires les fonctions de tuteur des mineurs et de l'interdit, sont appplicables au curateur du mineur émancipé et au Conseil judiciaire des prodigues, que cette pensée est révélée dans l'art. 34, nº 4 du code pénal et dans la loi du 30 juin 1838, (art. 34, Rennes 14 août 1823, Dalloz, interd. nº 281. Nancy 25 novembre 1868, Dalloz 1869, 2, 199).

Pour la négative, on peut dire : qu'il n'y a pas de texte, qu'il n'y a pas d'analogie entre les tutelles et les Conseils judiciaires, car les uns sont choisis par les Conseils de famille, tandis que les autres le sont par la Justice, que ces dernières fonctions ne sont qu'une sorte de mandat qui peut être refusé et que le Tribunal peut aussi révoquer, (Demolombe VIII, page 482, n° 710.

XIII. — Cessation de l'assistance.

L'assistance cesse par la mort du prodigue, par le retrait du Conseil ou la main-levée du jugement qui l'a nommé ; l'âge dans ce dernier cas peut calmer les passions du prodigue, l'expérience, même son jugement. Cette demande est portée devant le Tribunal qui a pourvu le prodigue.

XIV. — Décisions de Jurisprudence.

Le Conseil judiciaire peut agir seul, en justice, sans le concours de son pupille pour la défense des intérêts de celui-ci ; il peut notamment, demander seul la nullité des engagements souscrits par le prodigue dans son assistance.

Arrêt du 26 juin 1838, Cour de Paris, 1re Chambre, Sirey, 2. p. 418, 1838.

Considérant que la loi qui n'a donné au prodigue un Conseil Judiciaire que pour le préserver de la ruine, n'atteindrait pas son but si le Conseil ne pouvait agir seul en Justice pour la défense des intérêts de son pupille.

Que le prodigue après avoir contracté *des engagements,* sans l'assistance de son Conseil, se laisserait condamner de concert avec ses créanciers et leur donnerait des titres qui pourraient le faire *exproprier ;* que le Conseil Judiciaire, lorsqu'il s'agit de défendre les intérêts du prodigue, puise ses droits dans son mandat qui lui impose de protéger son pupille, même lorsque celui-ci garde le silence.

Considérant d'ailleurs que dans l'espèce X... a été mis en cause par les intimés et n'a fait qu'user du droit de défense, en s'opposant à l'exécution des sentences attaquées.

Le Conseil judiciaire a, dans les instances où le prodigue est défendeur, le droit et le devoir de présenter la défense du prodigue, même contre le gré de celui-ci ; par suite, il a qualité pour intèrjeter de son propre chef, appel des décisions rendues contre le prodigue.

Arrêt de Lyon, 9 mai 1882; D. P. 2, 21, 1883.

Considérant que le Conseil judiciaire est partie nécessaire dans toutes les instances dirigées contre un prodigue ; qu'il suit de là, que ce Conseil a le droit et le devoir de présenter la défense du prodigue, même contre le gré de celui-ci et de faire valoir toutes les causes de nullité opposables à l'action du demandeur.

Considérant dès lors, que le droit d'appel ne peut lui être refusé, alors même que le prodigue n'aurait pas usé de ce droit ; que s'il en était autrement, il suffirait d'une entente entre le prodigue et son créancier pour paralyser l'action de la loi et enlever à l'institution du Conseil Judiciaire tous ses effets.

Considérant que B..., Conseil Judiciaire de C.., avait qualité pour déférer de son chef à la juridiction du second degré, le Jugement qui, selon lui, faisait griefs aux intérèts commis à sa garde et pour demander la nullité de l'obligation dont excipe L.

Considérant toutefois qu'il convient de ne statuer sur cette nullité qu'en présence de C... et qu'il y a lieu de mettre en cause celui-ci.

Par ces motifs :

Déclare recevable l'appel interjeté par B. du jugement du...

Dit qu'à la diligence de ce dernier, C... sera appelé en cause; surseoit à statuer au fond jusqu'à ce que cette mise en cause ait été effectuée.

XV. — Des conventions matrimoniales consenties
par l'individu pourvu d'un Conseil judiciaire.

(Demolombe, livre 1er, titre XI. Chapitre III, no 740), dit :

Nous pensons qu'il ne pourrait pas sans l'assistance de son Conseil consentir des conventions matrimoniales, d'où résulterait directement ou indirectement de sa part, une aliénation quelconque, et par conséquent, nous croirions que non seulement il ne pourrait pas, sans l'assistance, consentir l'une des clauses de la communauté conventionnelle, comme par exemple un ameublissement, mais que lors même qu'il se marierait sans contrat, son régime matrimonial ne pourrait pas être la communauté, même purement légale et qu'il serait marié sous le régime de la séparation de biens.

La doctrine contraire est toutefois généralement enseignée, (Limoges 27 mai 1867, Bonnange Dev. 1867, 11, 337. Touillet t. II, no 1379. Valette sur Proudhon t. II, p. 568. Marcadé t. II, art. 513, no 1. Aubry et Rau t. I, p. 514. Valette explicat. com. du livre 1 du Code civil p. 364. Etude sur le contrat des mineurs par Thierry, professeur universel de Liège, p. 47 et suivants, Bruxelles 1863).

La Cour de Cassation a jugé que l'individu pourvu d'un Conseil judiciaire par cela même qu'il peut se marier sans l'assistance de son Conseil, peut aussi, sans assistance faire par contrat de mariage, une donation à son conjoint, 24 décembre 1856, Rivans, Del. 1857, 1, 245.

Notre dissentiment dit Demolombe, est fondé sur deux motifs :

1o Le prodigue ne peut pas aliéner sans l'assistance de son Conseil. Or la communauté, même légale, constitue une aliénation, la communauté légale n'est pas imposée par la loi ; elle ne résulte que de la volonté des contractants qui s'y soumettent eux-mêmes par une convention tacite ; donc le prodigue ne peut plus consentir cette aliénation pas plus qu'aucune autre, sans l'assistance de son Conseil.

2° Il est même plus essentiel que jamais, de maintenir en pareil cas, la protection de la loi sur le prodigue, soit parce que cette aliénation peut être considérable et constituer même un résultat, une libéralité fort importante au préjudice du prodigue, soit parce qu'elle a lieu dans des circonstances où le prodigue peut devenir plus facilement un intrigue qui abusera de ses faiblesses et de ses passions, (Comp. Bordeaux 7 février 1855, Métayer, Del. 1856, t. 65, 70 et 1857, 11,530. Paris, 31 juillet 1855. Agen, 31 juillet 1857. Demol. traité du mariage et de la séparation de corps, t. I, n° 22. Massé et Verge, t. I, p. 490. Demante t. II, 285 bis III.

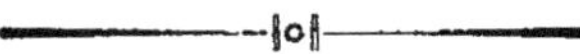

En un mot, le législateur dans son art. 513, n'a eu en vue que des aliénations de nature à favoriser le penchant à la dissipation, ou à compromettre imprudemment les intérêts de l'individu soumis à un Conseil judiciaire.